Almuth Bartl

Englischspiele für die Grundschule

Spiele für die Schule

Oldenbourg

PRÖGEL LERNVERGNÜGEN 17

Die Deutsche Bibliothek – CIP-Einheitsaufnahme

Spiele für die Schule. – München : Oldenbourg
Englischspiele für die Grundschule/Almuth Bartl. – 1. Aufl. – 2000
(Prögel-Lernvergnügen ; 17)
ISBN 3-486-98705-4

1. Auflage 2000 RE
Druck 04 03 02 01 00
Die letzte Zahl bezeichnet das Jahr des Drucks.

Umschlagkonzeption: Mendell & Oberer, München
Umschlagzeichnung: Jan Birck
Lektorat: Stefanie Fischer
Herstellung: Fredi Grosser
Grafiken: Jan Birck
Satz, Druck und Bindung: Schneider Druck GmbH,
Rothenburg ob der Tauber

ISBN 3-486-**98705**-4

Inhaltsverzeichnis

Das Namenspiel 6
Flüsternamen 7
Die Schatztruhe 8
Vokabelschlacht 9
Eckenwörter 10
Bitte Nachschlag 11
Sportliches Vokabelspringen 12
Die Klamottenjagd 13
Körperteile 14
I spy … 15
Das Wort-im-Wort-Spiel 16
Frage – Aussage – Aufforderung 17
Ferngesteuert 18
Die Einkaufsliste 19
Gefüllte Wörter 20
Ping-Pong 21
Geheimschrift 22
Das Vokabel-Ratespiel 23
Würfelsätze 24
Würfelbegriffe 25
Gerahmte Wörter 26
Im Rückwärtsgang 27
Das Nachzähl-Quiz 28
Das Wörterbastelspiel 29
Vorstellung 30
Zahlenlotto 31
Kim 32
Das Zahlen-Eichhörnchen 33
Auf die Wörter, fertig, klatsch! 34
Aufgepasst! 35
Wörterbilder 36
Die Wörterschlange 37
Was fehlt? 38
Das Silbenrätsel 39
Lückensätze 40
Die Zauberkreide 41
Die Zauberstimme 42
Up and down 43
Yes and No 44
Pling! 45
Die Drei-Minuten-Wörterjagd 46
Wörter-Bingo 47
Sit down, if … 48
Guess who? 49
Simon says … 50
What are you doing? 51
Der Fünf-Minuten-Wortschatztest 52
What's this? 53
Das Vokabel-Suchsel 54
Monster-Mania 55
It's raining cats and dogs 56
Der Wörterjagdschein 57
Oberbegriffe – Unterbegriffe 58
Da fehlt doch was! 59
Das Vokabeltest-Spiel 60
Die Wörterwürmer 61
Dalli, dalli 62
Tipp: Schwierige Wörter 63
Tipp: Englische Witze 63
Scherzfragen 64

Alle Spiele sind mit Symbolen versehen. Die Symbole sollen dem schnellen Auswählen und Auffinden der Spiele dienen.

Ein Spiel für drinnen

Ein Spiel für draußen

Konzentrationsspiel

Ein lautes Spiel

Ein leises Spiel

Ein Spiel für die ganze Klasse

Gruppenspiel

Fünfminuten-Spiel

6, 7, 8, 9, 10, 11, 13, 14, 15, 16, 17, 18, 20, 21, 22, 23, 24, 25, 26, 28, 29, 30, 31, 32, 33, 34, 35, 36, 37, 38, 39, 40, 41, 42, 43, 44, 45, 46, 47, 48, 49, 50, 51, 52, 53, 54, 55, 56, 58, 59, 60

12, 15, 17

9, 11, 12, 13, 14, 15, 16, 18, 19, 20, 21, 22, 25, 26, 27, 28, 29, 32, 34, 35, 37, 38, 39, 41, 42, 44, 45, 46, 49, 50, 53, 54, 55, 56, 58, 59, 61, 62

13, 34, 50, 61

7, 8, 9, 11, 12, 14, 15, 16, 17, 18, 19, 20, 21, 22, 23, 24, 25, 26, 27, 29, 30, 31, 32, 33, 36, 37, 38, 39, 40, 41, 43, 44, 45, 46, 49, 51, 52, 53, 54, 56, 58, 59, 62

6, 7, 8, 9, 10, 11, 12, 13, 15, 16, 19, 20, 21, 22, 23, 24, 26, 27, 29, 30, 31, 32, 35, 36, 37, 38, 39, 40, 41, 42, 43, 44, 45, 46, 47, 48, 49, 50, 51, 52, 53, 54, 55, 56, 59, 60, 61, 62

18, 25, 28, 33, 34, 53, 58

6, 7, 8, 9, 10, 11, 14, 16, 19, 22, 23, 27, 29, 31, 32, 37, 38, 40, 42, 43, 45, 47, 48, 49, 51, 60, 62

Das Namenspiel

Es hat sich vielerorts eingebürgert, dass die Kinder im englischen Anfangsunterricht auch einen englischen Vornamen bekommen.

Die neuen Namen der Mitschülerinnen und Mitschüler lernt man mit der englischen Fassung des Spiels „Mein linker Platz ist leer …" am schnellsten.

Alle Kinder sitzen in einem Stuhlkreis. Ein Stuhl ist leer. Das Kind, das rechts vom freien Stuhl sitzt, beginnt das Spiel, wählt sich einen beliebigen Mitschüler aus und sagt: „Andrew, sit next to me!" Der auf den Namen „Andrew" frisch getaufte Schüler setzt sich nun auf den leeren Platz. Jetzt darf derjenige das Spiel fortsetzen, der wiederum rechts von Andrews altem Platz sitzt.

Flüsternamen

Alle Schülerinnen und Schüler mit neuen englischen Vornamen sitzen in einem Stuhlkreis. Ein Kind wählt einen beliebigen Mitschüler aus und flüstert dessen Namen seinem eigenen rechten Nachbarn ins Ohr. Der wiederum flüstert den Namen ebenfalls seinem rechten Nachbarn ins Ohr. So wird der Name weitergegeben, bis er schließlich bei demjenigen eintrifft, der diesen Namen trägt. Er steht auf und sagt laut und deutlich: „My name is Henry." Dann setzt er sich wieder auf seinen Platz und flüstert den Namen eines anderen Kindes seinem rechten Nachbarn ins Ohr.

Die Schatztruhe

Die Lehrerin legt in einen Karton viele verschiedene Dinge, deren englische Namen die Kinder bereits gelernt haben. Ein „neutraler" Schüler kommt vor die Klasse. Er darf in die Schatztruhe schauen. Die übrigen Schüler werden in drei gleich große Gruppen A – B – C aufgeteilt. Ein Kind der Gruppe A beginnt das Spiel und fragt z.B.: „Can you see a ruler?" Der Schüler schaut in die Schatztruhe und antwortet wahrheitsgemäß entweder mit „Yes, I can." oder mit „No, I can't." Antwortet er mit „Yes, I can.", so bekommt die jeweilige Gruppe einen Punkt und der Schüler holt den jeweiligen Gegenstand aus der Schatztruhe. Dann darf ein Schüler der Gruppe B eine Frage stellen usw. Sind schließlich alle Gegenstände erraten worden, werden die Punktstände verglichen und die Siegergruppe beglückwünscht.

Tipp: Das Spiel kann natürlich auf die gleiche Weise mit der Frage „Is there a … in the box?", „Yes, there is.", „No, there isn't." durchgeführt werden.

Vokabelschlacht

Jedes Kind sucht sich aus der Liste der letzten Vokabeln fünf beliebige Wörter aus und schreibt sie auf einen Block.
Damit später nicht gemogelt werden kann und die Wörter auch bestimmt richtig geschrieben sind, werden sie vom Banknachbarn korrigiert.
Dann gibt die Lehrerin nacheinander beliebige Buchstaben auf Englisch an, z. B. „a". Alle Kinder untersuchen jetzt ihre Wörter nach diesem Buchstaben und streichen alle „a" durch. So wird weitergespielt, bis es einem Schüler gelungen ist, ein Wort komplett zu „tilgen".

Eckenwörter

In jeder Ecke des Klassenzimmers steht zu Spielbeginn je ein Kind. Die Lehrerin nimmt aus einer Kiste einen Gegenstand heraus, z. B. einen Bleistift und zeigt ihn den Kindern. Derjenige „Eckenschüler“, der nun zuerst den richtigen englischen Begriff „pencil“ nennt, darf eine Ecke weitergehen (dort befinden sich dann also zwei Kinder). Wer zuerst wieder in seiner „Heimatecke“ ankommt, gewinnt das Spiel und darf vier weitere Schülerinnen und Schüler für die nächste Spielrunde bestimmen.

Bitte Nachschlag

Im Wörterbuch nachschlagen ist eine Kunst, die für das Englischlernen unerlässlich ist. Auch hier wird man natürlich nur durch stetes Üben Meister und darum sollte man in nahezu jeder Englischstunde einige Minuten Nachschlage-Jagd veranstalten.

Die Lehrerin fragt z. B.:
- Wie heißt die vierte Vokabel auf Seite 282?
- Welche Bedeutung findest du unter dem Wort „they"?
- Was bedeutet das Wort „thread"?
- Was heißt „Mauer" auf Englisch?

Sportliches Vokabelspringen

Im Pausenhof wird mit Kreide ein Quadrat aus 4 x 4 gleich großen Feldern auf den Boden gemalt. In jedes Feld wird ein Buchstabe eingetragen, z. B.:

p	h	o	n
d	t	e	y
d	a	b	l
i	r	w	u

Ein Kind überlegt sich ein englisches Wort aus diesen Buchstaben, verrät aber nicht welches und springt es jetzt Buchstabe für Buchstabe den Mitschülern vor. Diese passen genau auf; denn wer das Wort zuerst nennt, darf gleich das nächste vorspringen.

Die Klamottenjagd

Die Kinder spielen in zwei gleich großen Gruppen gegeneinander. Jedes Mitglied einer Gruppe erhält eine Nummer, sodass jede Nummer zwei Mal vorhanden ist. Die Lehrerin legt (oder hängt) verschiedene Kleidungsstücke aus und begibt sich an die gegenüberliegende Klassenwand. Dann geht´s los:
Die Lehrerin sagt z. B.: „I want my red blouse, please, number 7!“ Sofort springen beide Kinder, die die Nummer 7 haben, auf, rennen zu den Kleidungsstücken, stürzen sich auf die rote Bluse und der Schnellere liefert sie bei der Lehrerin ab, die ihm dafür einen Punkt für seine Gruppe gibt. Schon wird die nächste Aufgabe gestellt: „I want my pink jacket, please, number 4!“ Die Gruppe, die am Ende der Klamottenjagd die meisten Punkte hat, gewinnt.

Tipp: Das Spiel lässt sich vortrefflich mit einem Koffer voller Puppenkleider spielen.

Körperteile

Alle Kinder stehen im Klassenzimmer. Die Lehrerin gibt jetzt nacheinander bestimmte Aufgaben, z. B. „Touch your left foot with your right hand." Sofort tun die Schülerinnen und Schüler, was die Lehrerin ihnen vorgegeben hat. Wer einen Fehler macht, scheidet aus und setzt sich.
„Touch your right elbow with your nose.", „Touch your left arm with your right elbow." usw.

I spy ...

Das Spiel „Ich seh etwas, was du nicht siehst“ gibt es auch in England und beginnt dort mit: „I spy with my little eye something that ...“
Die Lehrerin überlegt sich einen Gegenstand im Klassenzimmer, den die Kinder schon auf Englisch benennen können, z. B. „I spy with my little eye something that begins with the letter ‚s‘“. Die Schülerinnen und Schüler dürfen jetzt Fragen stellen, die die Lehrerin nur mit „yes“ oder „no“ beantworten darf, z. B. „Can I eat it?“, „Is it smaller than my englishbook?“, „Is it yellow?“ ... Wer zuerst den gesuchten Begriff nennt, darf das nächste Rätsel vorgeben.

Das Wort-im-Wort-Spiel

Die Lehrerin schreibt ein beliebiges englisches Wort an die Tafel, z. B. „teacher“. Die Kinder haben drei Minuten Zeit, so viele kleine Wörter wie möglich zu suchen, die mit den Buchstaben des vorgegebenen Wortes zu bilden sind, z. B. „tea, each, her, ear, he, tear, rat, cat, teach, eat, …“
Wer die meisten findet, darf ein weiteres Wort für die nächste Spielrunde vorgeben.

Frage – Aussage – Aufforderung

Ein Kind stellt einen beliebigen Fragesatz, in dem es um eine Fähigkeit eines Mitschülers geht, z. B. „Can Sandra open the window?“ Der Frager darf einen beliebigen Mitschüler (außer Sandra) aufrufen, der den Fragesatz in einen Aussagesatz verwandelt und behauptet: „Sandra can open the window.“ Auch er ruft einen weiteren Mitschüler auf, der nun endlich Sandra den Auftrag erteilt. „Sandra, open the window, please!“ Nachdem nun Sandra erfolgreich das Fenster geöffnet hat, begibt sie sich an ihren Platz zurück und ruft einen weiteren Mitschüler auf, der die nächste Frage stellt, z. B. „Can Michael write his name on the blackboard?“

Ferngesteuert

Die Kinder bilden Gruppen zu je drei Spielern. Jeweils einem werden die Augen verbunden. Er wird der Schreiber und bekommt einen dicken Filzstift. Die anderen beiden Kinder überlegen sich ein beliebiges englisches Wort, z. B. „cat“. Der Schreiber hält seinen Stift so, dass die Stiftspitze ein Stück Karton berührt. Die beiden Mitspieler halten die Pappe an je einer Kante und bewegen sie jetzt vorsichtig nach oben, unten, links und rechts so, dass der „blinde“ Schreiber ganz automatisch das gewünschte Wort zu „Pappe“ bringt. Sobald der Schreiber das Wort nennen kann, darf er seine Augenbinde abnehmen und seine Aufgabe an einen Mitspieler weitergeben.

Die Einkaufsliste

Der erste Spieler beginnt und sagt: „I'm going to the store to buy apples." Der zweite Spieler wiederholt das Nahrungsmittel und gibt ein zweites an, z. B.: „I'm going to the store to buy apples and butter." Der Dritte sagt z. B.: „I'm going to the store to buy apples and butter and chocolate." Wer nicht mehr weiter weiß oder einen Begriff anhängt, der nicht zur Gruppe der Nahrungsmittel gehört, scheidet aus. Es gewinnt, wer das Spiel am längsten durchhält.

Gefüllte Wörter

Die Lehrerin überlegt sich einen einfachen kurzen Satz, schreibt aber von jedem Wort nur den Anfangsbuchstaben an die Tafel, z. B.

M______ f______ i______ i______ t______ g______ .

Die Kinder denken sich Sätze aus, die zur Vorgabe passen, z. B.: My father is in the garage. Molly's frog is in the garden.

Ping-Pong

Dieses einfache Buchstabenspiel ist bei den Kindern sehr beliebt. Alle Schülerinnen und Schüler stehen auf. Die Lehrerin gibt ein Wort vor, z. B. „pencil". Der erste Schüler nennt den ersten Buchstaben, der nächste den zweiten usw. Ist das Wort fertig buchstabiert, sagt der Schüler, der als nächster an der Reihe wäre, „Ping" und sein Nachbar „Pong". Wer „Pong" sagen muss, scheidet aus und setzt sich. Genauso scheiden natürlich all diejenigen Schüler aus, die falsche Buchstaben nennen. Der Schüler, der als nächster an der Reihe ist, gibt nun ein neues Wort vor. So wird weitergespielt, bis die Lehrerin das Spiel für beendet erklärt. Die Kinder, die jetzt noch stehen, sind die Sieger und erhalten eine kleine Belohnung.

Geheimschrift

Eine sehr viel spannendere Art, die neuen Vokabeln abzufragen, geht so:
Die Lehrerin nennt ein Wort auf Deutsch; die Kinder überlegen still für sich, wie das Wort auf Englisch heißt und notieren für jeden Konsonanten im Wort ein X und für jeden Vokal ein O. Das Wort „house" würde also in dieser Geheimschrift „xooxo" heißen.

Das Vokabel-Ratespiel

Dieses Spiel besteht aus zwei Teilen. Zuerst wird die Klasse in Gruppen aufgeteilt.

Teil 1:
Fünf, sechs oder sieben Kinder einer Gruppe erhalten je ein Blatt Papier, auf dem je ein Buchstabe steht. Ihre Aufgabe besteht nun darin, die Buchstaben so zu ordnen, dass ein sinnvolles Wort entsteht, z. B.

w	w	n	o	i	d

w	i	n	d	o	w

Teil 2:
Diese Kinder stellen sich nun vor der Klasse mit dem Rücken zu ihren Mitschülern in der richtigen Buchstabenreihenfolge auf. Ein Mitschüler nach dem anderen nennt nun einen beliebigen Buchstaben, z. B. „n“. Das Kind, auf dessen Blatt ein „n“ steht, dreht sich zu den Mitschülern um. Wird ein Buchstabe genannt, zu dem kein Gruppenkind das passende Buchstabenblatt besitzt, dreht sich auch niemand um. Sollten zwei oder mehr Kinder den gleichen Buchstaben besitzen, drehen sie sich gemeinsam um, wenn dieser Buchstabe genannt wird.
Sobald ein Mitschüler das Lösungswort nennt, darf seine Gruppe das nächste Spiel bestreiten.

Würfelsätze

Die Lehrerin schreibt sechs neu gelernte Wörter an die Tafel und ordnet jedem Wort eine Würfelzahl zu, z. B.:

happy ① village ② rain ③ boots ④ duck ⑤ smile ⑥

Jeder Spieler darf einmal würfeln und gleich einen beliebigen Satz bilden, in dem sein Würfelwort vorkommt, z. B. wenn er die Zahl 4 gewürfelt hat:

„Where are my boots?" oder
„Tim is buying a new pair of boots." oder
„Mary's boots are behind the bush."

Würfelbegriffe

Der Gruppenleiter erhält ein Päckchen gut gemischter Karten, auf denen jeweils ein Oberbegriff steht, z. B.:

names	**animals**
fruits	**vegetables**
furniture	**plants**
vehicles	**things that fly**
toys	**beverages**
things to write with	

Das erste Kind würfelt z. B. eine 4. Der Gruppenleiter deckt das oberste Kärtchen auf und liest den Oberbegriff vor, z. B. „plants“. Das Kind muss jetzt vier Unterbegriffe dazu nennen, z. B. „flower, tree, grass, bush“.
Wer seine Aufgabe erfüllen konnte, erhält einen Punkt. Es gewinnt, wer am Ende des Spiels die meisten Punkte erzielt hat.

Gerahmte Wörter

Die Lehrerin gibt den Rahmen eines Wortes auf der Tafel vor, z. B.

Wer errät als Erster, zu welchem Wort der Rahmen gehört? Lösung in diesem Falle: „pencil“. Das Kind, das als erstes die Lösung wusste, darf den nächsten Rahmen vorgeben.

Im Rückwärtsgang

Bei diesem kleinen Buchstabenspiel müssen sich die Kinder sehr gut konzentrieren, um die richtigen Wörter zu erraten. Die Lehrerin überlegt sich ein beliebiges Wort, z.B. „flower" und buchstabiert es auf Englisch rückwärts: r-e-w-o-l-f. Das Kind, das zuerst das richtige Wort, also „flower" sagt, gewinnt und darf als nächstes ein Wort rückwärts buchstabieren.

Das Nachzähl-Quiz

Maximal sechs Kinder spielen in einer Gruppe zusammen. Jede Gruppe wählt einen Spielleiter. Dieser überlegt sich ein beliebiges englisches Wort, z. B. „important“ und nennt eine Zahl dazu, z. B. „7“. Alle Kinder seiner Gruppe stellen sich das Wort vor und zählen blitzschnell die Buchstaben. Wer zuerst den Buchstaben Nummer 7 nennt, in unserem Fall also das „a“, gewinnt einen Punkt. Je nachdem, wie lange man spielen lassen will, gewinnt dann der Schüler, der zuerst fünf Punkte erbeutet hat oder eben derjenige, der während der Spieldauer die meisten Punkte erreicht hat.

Das Wörterbastelspiel

Die Lehrerin malt drei Ringe an die Tafel und füllt sie so mit Buchstaben, dass möglichst viele Wörter gebildet werden können, z. B.

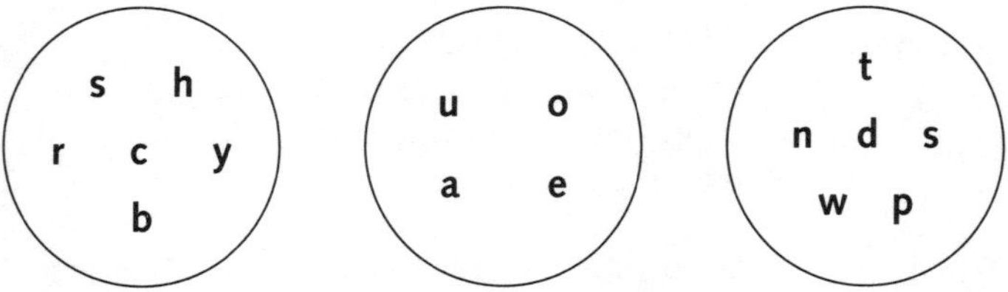

Ein Kind nach dem anderen nennt nun ein Wort aus drei Buchstaben, wobei es aus jedem Ring einen verwenden muss. Möglich wäre in diesem Fall also:
yes, hat, bus, cat, red, sun, cow, has, how, hot, cup, bed, run, hen, can, row, son, saw, sew, rat, bow …

Vorstellung

Das erste Kind stellt sich so vor, dass alle Angaben, die es über sich macht, mit dem Buchstaben „A“ beginnen; das nächste Kind sucht nach Angaben mit „B“, das dritte stellt sich mit dem Buchstaben „C“ vor usw.

Beispiel: My name is Anne (Andrew, …)
My friend's name is Alissa (Arthur, …)
We live in America (Amsterdam, …)
And we sell apples (ants, …)

Tipp: Seltene Anfangsbuchstaben werden einfach ausgelassen, z. B. Q, Y, X, Z.

Zahlenlotto

Jedes Kind bekommt einen Lottoschein, um in den folgenden Englischstunden die Zahlen zwischen 1 und 49 zu wiederholen. In der ersten Stunde wird nur im obersten linken Kästchen gespielt. Die Kinder dürfen zehn beliebige Zahlen ankreuzen. Haben alle fertig getippt, nennt die Lehrerin langsam nacheinander sechs Zahlen, z. B. twenty-seven, eleven, forty-six, ten, two, thirty-three. Die Kinder kontrollieren auf ihren Scheinen, ob sie zufällig diese Zahlen angekreuzt haben. Dann werden die Sieger ermittelt. Die Lehrerin frägt z. B. „Wer hat sechs Richtige im Lotto? Fünf Richtige?“ usw. Wer die meisten richtigen Zahlen angekreuzt hat, darf in der nächsten Stunde die Lottofee spielen.

Kim

Die Lehrerin legt ca. zehn Gegenstände auf den Tisch, deren Namen die Kinder schon auf Englisch kennen (z. B. ein Lineal, einen Radiergummi, einen Apfel, einen Bleistift, ein Buch usw.), und bedeckt alles mit einem Tuch. Die Kinder stellen sich um den Tisch herum und warten, bis die Lehrerin das Tuch für etwa 20 Sekunden wegzieht. Sobald die Dinge wieder zugedeckt sind, geht jeder Schüler an seinen Platz zurück und schreibt alles auf, woran er sich erinnern kann – auf Englisch selbstverständlich! Danach darf ein Kind vorlesen, was es im Gedächtnis behalten hat.
„I remember a ruler, …“ Die Mitschüler haken die Wörter ab, die genannt werden und melden sich dann, falls sie noch weitere Begriffe notiert haben.
Natürlich kann man auch ein Wettspiel daraus machen, indem die Kinder ihre Blätter untereinander austauschen. Die Partner korrigieren dann die Wörter mithilfe der Tafelanschrift und vergeben für jedes richtig geschriebene Wort einen Punkt. Wer so die meisten Punkte ergattert, gewinnt das Spiel.

Das Zahlen-Eichhörnchen

Für dieses Gruppenspiel werden – je nach eingeführtem Wortschatz – Kärtchen mit Zahlen benötigt, z. B. die Zahlen von 1 bis 20.
Alle Kärtchen liegen gut gemischt mit der beschrifteten Seite nach unten auf dem Tisch. Die Kinder überlegen gemeinsam eine „Stoppzahl", z. B. "seven". Dann wird ein Kind in ein Eichhörnchen verwandelt, das jetzt nacheinander Kärtchen umdreht, die entsprechende Zahl auf Englisch nennt und die jeweiligen Kärtchen an sich nimmt. Das Eichhörnchen darf aber nur so lange auf Beutezug gehen, bis es die „Stoppzahl", in unserem Fall also die Sieben, erwischt. Jetzt darf das Kind alle Zahlen auf seinen bisher erbeuteten Kärtchen zusammenzählen und sich das Endergebnis merken. Auf diese Weise darf jeder Schüler einmal sein Glück versuchen. Wer am Ende die höchste Punktzahl erreicht hat, gewinnt das Spiel.

Achtung: Wer eine Zahl nicht auf Englisch nennen kann, darf sie auch nicht zu seinen Punkten addieren!

Auf die Wörter, fertig, klatsch.

Für dieses sehr spannende und äußerst lustige Gruppenspiel braucht man:

- ca. 20 Bildkarten (Begriffe, welche die Kinder schon auf Englisch gelernt haben),
- pro Kind eine Fliegenpatsche.

Auf dem Tisch liegen also die ca. 20 Kärtchen, z. B. mit Bildern von einem Haus, einer Katze, einem Auto usw.

Die Lehrerin nennt jetzt einen dieser Begriffe, z. B. „cat". Sofort suchen alle Kinder nach dem passenden Bild. Wer zuerst mit seiner Fliegenpatsche auf das richtige Bild klatscht, erhält einen Punkt. Es gewinnt, wer zuerst fünf Punkte ergattern konnte.

Aufgepasst!

Die Lehrerin schreibt vor der Schulstunde fünf beliebige englische Wörter an die Tafel. Sie wiederholt die Bedeutung der Wörter und kündigt an, dass sie im Laufe der kommenden Schulstunde diese Wörter irgendwann nennen wird. Wer zuerst „Stopp!" ruft, sobald er eines der Wörter hört, bekommt einen kleinen Preis fürs gute Aufpassen.

Wörterbilder

Bei diesem Spiel dürfen sich die Kinder beliebige englische Wörter aussuchen, die sie – entsprechend ihrer Bedeutung – auf einem Blockblatt als Wortbild gestalten, z.B.

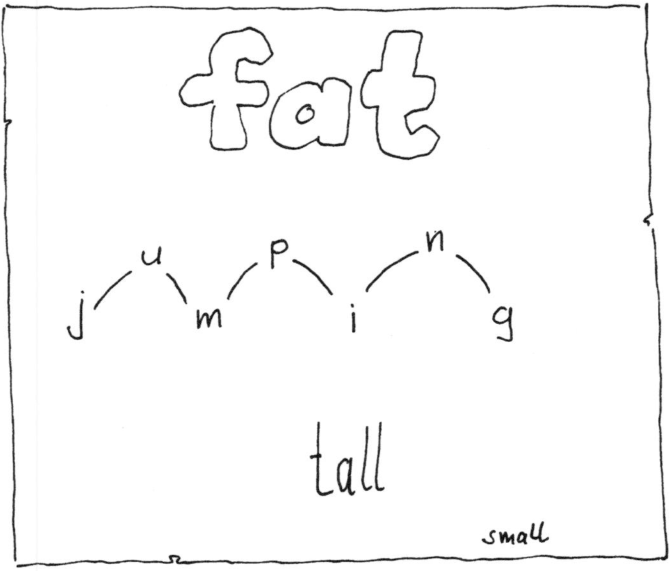

Die besten Ideen werden gesammelt, an die Tafel geschrieben und von den Kindern in ihre Hefte übertragen. Bemerkenswert ist, wie schnell sich die Kinder diese bildhaft dargestellten Wörter einprägen.

Die Wörterschlange

Ein Kind beginnt und nennt ein beliebiges englisches Wort, z.B. „frog“.
Sein Banknachbar sucht sofort nach einem weiteren englischen Wort, das mit dem Endbuchstaben des vorangegangenen, also mit „g“, beginnt, z. B. „girl“. Der nächste Schüler nennt nun einen Begriff, der mit „l“ anfängt usw. Das Spiel ist zu Ende, wenn kein weiteres Wort mehr angehängt werden kann. Das Kind, das als nächstes an die Reihe gekommen wäre, darf ein neues Startwort aussuchen.

Was fehlt?

Auf der linken Tafelhälfte stehen elf deutsche Wörter. Auf der rechten Tafelhälfte befinden sich die englischen Übersetzungen von zehn dieser Wörter. Die Kinder suchen so schnell wie möglich zu jedem deutschen Wort den englischen Begriff. Wer zuerst das fehlende englische Wort nennt, gewinnt das Spiel.

Das Silbenrätsel

An die verdeckte Innentafel werden vor der Stunde etwa zehn mehrsilbige Wörter geschrieben. Dabei verteilt man die Silben wahllos an der Tafel, achtet aber genau auf die Bindestriche, um den Kindern das Zusammenfügen der Wörter zu erleichtern.

-dow Wed- flo- bas- -cil
-nes -den com- -ler gar-
-fa pen- win- -py -day
-wer -pu -ket so- -ter
ru- hap-

Wenn alle Kinder ihre Blöcke und Stifte bereit gelegt haben, wird die Tafel aufgeklappt und der Knobelspaß kann beginnen. Die Schülerinnen und Schüler notieren alle Wörter, die sie finden.
Wer fertig ist, zählt seine Wörter und kann gleich selbst kontrollieren, ob er alle gefunden hat:
window, Wednesday, flower, basket, pencil, garden, ruler, happy, sofa, computer.
Sind schließlich alle Kinder fertig, werden die Blätter vertauscht und korrigiert.

Lückensätze

Die Lehrerin schreibt einen beliebigen Satz an die Tafel und lässt ein wichtiges Wort aus, z. B.:

Jane lives in a _________ house.

Die Kinder sollen jetzt ganz schnell so viele Wörter wie möglich auf dem Block notieren, die in die Lücke passen, also z. B. „red, new, small, old, nice, beautiful, ugly, cold, ...“ Wer die meisten Wörter findet, darf den nächsten Lückensatz vorgeben.

Die Zauberkreide

Ein Kind schreibt ein beliebiges Wort mit seinem Finger in die Luft oder „an die Tafel“. Die Mitschülerinnen und Mitschüler schauen genau zu und notieren das gleiche Wort dann auf dem Block.

Die Zauberstimme

Ein beliebiges, neu gelerntes Wort steht an der Tafel. Fünf Kinder kommen vor die Klasse und bekommen ganz leise von der Lehrerin Wörter gesagt. Aber nur einem Kind wird das Tafelwort zugeflüstert.

Nun darf der Reihe nach jeder sein Wort deutlich aussprechen, jedoch ohne dabei auch nur einen Pieps von sich zu geben. Wer kann an der Lippenbewegung erraten, welches Kind das Tafelwort gesprochen hat?

Up and down

„Up", „down", „to the right" and „to the left" sind die Wörter, die man mit diesem lustigen Spielchen einprägen kann. Einem Kind werden die Augen verbunden. Es erhält ein Stück Kreide und hält sie an die Tafel. Die Lehrerin malt irgendwo auf die Tafel einen Kreis, der das Ziel für den „Blinden" darstellt. Der „Blinde" darf sich einen Helfer wünschen, der ihm nun von seinem Platz aus Anweisungen gibt, wie der „Blinde" seine Kreidefahrt auf der Tafel zurücklegen muss, um möglichst schnell zum Kreis zu gelangen.

Tipp: Auf die gleiche Weise lassen sich auch die Wörter „cold", „warm", „warmer" und „hot" üben.

Yes and No

Jedes Kind bekommt zwei Stück Pappe und beschriftet das eine mit „Yes“, das andere mit „No“. Nun kann man z. B. beliebige Fragen zu einem Text stellen, die sich mit „ja“ oder „nein“ beantworten lassen und erkennt ziemlich schnell, welche Kinder die Botschaft verstanden haben und welche nicht. Natürlich kann man sich auch allgemeine Verständnisfragen ausdenken und in jeder Englischstunde bestimmte, häufig gebrauchte Ausdrücke wiederholen.

Z. B.: „Is Sandra wearing jeans?“
„Is Mrs Müller's hair black?“
„Is it raining today?“
„Am I wearing glasses?“

Pling!

Ein Kind überlegt sich ein beliebiges englisches Wort, das der Klasse bekannt ist und buchstabiert es den Mitschülern auf Englisch. Die Selbstlaute nennt das Kind aber nicht, sondern ersetzt sie durch „pling". Das Wort „flower" würde also heißen:

f l pling w pling r

Wer zuerst das richtige Wort – in unserem Fall also „flower" – nennt, buchstabiert gleich das nächste Wort.

Die Drei-Minuten-Wörterjagd

Die Lehrerin gibt ein bestimmtes Merkmal vor, nach dem die Kinder nun Wörter suchen und auf den Block schreiben sollen, z. B.:

- Wörter, die mit „c" beginnen (cat, car, cow, cup, Charles, chair ...),
- Wörter, die mit „e" enden (write, the, blue, house, Jane, tree, ...),
- Zweisilbige Wörter (flower, window, table, ruler, rubber, satchel, ...),
- Mädchennamen (Jane, Sally, Betty, Linda, Gale, Jenny, ...).

Zum Aufschreiben haben die Kinder nur drei Minuten Zeit. Dann werden die Blätter ausgetauscht, die Wörter vorgelesen und ggf. korrigiert. Wer die meisten richtigen Wörter gefunden hat, gewinnt die Jagd.

Wörter-Bingo

An der Tafel hängen ca. 16 Bildkärtchen, zu denen die Kinder die entsprechenden englischen Vokabeln kennen. Nach dem Wiederholen dieser Wörter dürfen sich die Kinder fünf beliebige Wörter aussuchen und sie – natürlich auf Englisch – auf dem Block notieren. Damit es keine Schummeleien gibt, tauschen die Kinder die Blätter aus. Die Banknachbarn lesen die Wörter und korrigieren sie gegebenenfalls. Die Lehrerin nimmt inzwischen die Bildkärtchen von der Tafel, mischt sie gründlich und zeigt dann das oberste Kärtchen ihres Stapels vor. Ein Kind nennt das passende Wort dazu, z. B. „car". Alle Kinder, die dieses Wort aufgeschrieben haben, dürfen es jetzt durchstreichen. Wer zuerst alle fünf Wörter gestrichen hat, ruft laut „Bingo" und hat gewonnen.

Tipp: Bingo kann man natürlich auch mit Zahlen spielen oder man nimmt an Stelle der Bildkarten Kärtchen mit deutschen Wörtern.

Sit down, if ...

Alle Kinder stehen auf. Die Lehrerin nennt jetzt nacheinander verschiedene Merkmale. Wenn ein Merkmal auf ein Kind zutrifft, darf es sich setzen.
Beispiel: „Sit down, if you have a brother." Alle Kinder, die einen Bruder haben, setzen sich. Die Lehrerin sagt dann vielleicht: „Sit down, if you are a girl." Jetzt dürfen sich von den restlichen Kindern alle Mädchen setzen. So wird weitergespielt, bis nur noch ein Kind übrig ist.

Guess who?

Ein Schüler sucht sich eine beliebige Mitschülerin aus, die er gerne beschreiben möchte. Er nennt nun langsam einige Eigenschaften, die zu dieser Person passen, z. B. „The person is a girl. She has got blue eyes. She is tall. Her hair is long and black. She is wearing blue jeans …" Sobald ein Mitschüler meint, die Person erraten zu haben, meldet er sich. Damit aber kein chaotisches Nennen beliebiger Personen stattfindet, wird vorab darauf hingewiesen, dass ein Kind, das einen falschen Namen nennt, ausscheidet.

Tipp: Falls die Kinder englische Vornamen bekommen haben, eignet sich dieses Spiel prima, um diese neuen Namen einzuüben.

Simon says ...

Bei diesem Spiel werden häufig gebrauchte Ausdrücke eingeübt. Ein Kind stellt sich vor die Klasse und sagt z. B.: „Simon says: Stand up."
Alle Mitschülerinnen und Mitschüler müssen den Befehlen gehorchen, aber nur, wenn der Spielleiter die Angabe mit „Simon says ..." begonnen hat. Falls er z. B. nur sagt: „Go to the window", darf niemand diesem Befehl folgen. Wer es aber doch tut, der scheidet aus. So wird weitergespielt, bis nur noch etwa die Hälfte der Kinder aktiv dabei ist.

What are you doing?

Ein Kind darf vor die Klasse treten und eine Tätigkeit pantomimisch darstellen, z. B. „… reading a book, writing, playing with a ball, walking the dog, eating a hamburger, …" Die Mitspieler passen genau auf und melden sich, sobald sie meinen, die Tätigkeit erraten zu haben, z. B. „Helen is reading a book." „Paul is eating a hamburger."

Der Fünf-Minuten-Wortschatztest

Jedes Kind bekommt ein Blatt Papier, faltet es so, dass acht Felder entstehen und nummeriert die Felder von eins bis acht. Die Lehrerin gibt jetzt Anweisungen, was die Kinder in die Felder zeichnen sollen.

Beispiel:
„Draw a red ball in number five."
„Draw a cat in number eight."
„Draw a little brown house in number two."
„Draw a monster with four eyes and two legs in number four."
...

Sind alle Felder bemalt, werden die Blätter mit Namen beschriftet, eingesammelt und entweder von der Lehrerin überprüft oder wieder ausgeteilt, sodass jedes Kind ein fremdes Blatt korrigieren darf.

What's this?

In einem Karton liegen etwa 20 Gegenstände, die alle Kinder der Klasse auf Englisch benennen können, z. B. ein Bleistift, ein Buch, ein Spielzeugauto, ein Ball, …
Prima geeignet sind auch Spielzeugfiguren z. B. von Playmobil, mit denen dann Wörter wie Frau, Feuerwehrmann, Arzt etc. geübt werden können.
Ein Kind tritt vor die Klasse, fasst mit geschlossenen Augen in den Karton, greift sich einen beliebigen Gegenstand und tastet ihn ab. Sobald es zu wissen meint, was es da in den Händen hält, nennt es die englische Bezeichnung, also z. B. „This is a toothbrush." Hat das Kind richtig geraten, ruft es einen Mitschüler auf, der als nächster in den Rätselkarton greifen darf.

Das Vokabel-Suchsel

Zuerst malt jedes Kind ein Gitter von 10 x 10 Kästchen auf seinen Block. Dann trägt es (mit Bleistift um evtl. radieren zu können) etwa 20 Vokabeln waagrecht und senkrecht ein. Unter das Kästchen schreibt es die Anzahl der von ihm eingetragenen Vokabeln, damit es leichter korrigiert werden kann. Alle übrigen Felder werden mit beliebigen anderen Buchstaben gefüllt, allerdings so, dass keine neuen Wörter mehr entstehen. Die Suchsel werden mit Namen versehen, eingesammelt, gemischt und so an die Schüler verteilt, dass jeder ein fremdes Rätselblatt vor sich hat. Dann wird gelesen und geknobelt. Die gefundenen Wörter werden mit Bleistift eingekreist. Wer alle entdeckt hat, unterschreibt mit seinem Namen und bringt das Blatt dem Aufgabensteller. Der kontrolliert, ob auch wirklich alles richtig gemacht wurde.

s	x	s	h	i	r	t	o	w	n
r	i	g	h	t	x	v	r	z	c
i	c	n	i	c	e	w	u	l	f
t	a	z	d	x	y	r	l	t	a
e	r	p	v	o	r	o	e	a	t
x	o	l	d	y	w	n	r	b	c
r	q	d	f	e	a	g	r	l	h
e	p	z	r	i	c	v	w	e	e
d	x	g	e	r	m	a	n	y	l
g	r	e	e	n	x	e	a	r	y

Monster-Mania

Nachdem die Kinder gelernt haben, Körperteile und Kleidungsstücke auf Englisch zu benennen, dürfen sie lustige Monster erfinden. Jedes Kind zeichnet sein Monster auf den Block, malt es bunt an und überlegt schon mal, wie es es beschreiben kann. Dann werden alle Monster eingesammelt und nebeneinander im Klassenzimmer aufgehängt. Ein Schüler darf jetzt den anderen sein Monster beschreiben, z.B. „My monster has got seven green eyes, four arms and a long black nose. My monster is wearing a brown hat with pink flowers, ..." Die Mitschülerinnen und Mitschüler hören genau zu und versuchen möglichst schnell das richtige Monster zu erraten.

Tipp: Die Zeichnungen mit Nummern versehen, damit das Identifizieren der Zeichnungen einfacher ist. „Your monster is number 12."

It's raining cats and dogs

Ein Kind beginnt das Spiel und sagt z. B. „It's raining pencils." Sein Nachbar wiederholt den ersten Begriff und fügt einen weiteren an, z. B. „It's raining pencils and sandwiches." Der dritte Schüler sagt dann vielleicht: „It's raining pencils, sandwiches and strawberries." Wer sich verhaspelt oder einen Begriff anfügt, der bereits eingereiht wurde, scheidet aus. So wird weitergespielt, bis nur noch drei Kinder übrig sind. Auf diese Weise trainiert man nicht nur die Konzentration, die Ausdauer und das Gedächtnis der Schülerinnen und Schüler; man übt auch ganz spielerisch die Pluralbildung.

Der Wörterjagdschein

Ein Wörterjagdschein ist ein Stück farbiger Karton oder Tonpapier, auf das die Kinder im Laufe der nächsten Tage zehn englische Wörter schreiben, die sie zufällig in ihrer Freizeit entdecken – Anglizismen also, die sich in unserer Sprache eingebürgert haben. Am reichsten fündig wird man im Werbefernsehen (light, day and night, air-bag, air-condition, happy, after eight, summer, that's it, ...). Sobald ein Kind zehn Wörter gefunden hat, gibt es seinen Jagdschein ab und erhält neben einer kleinen Belohnung gleich einen neuen Schein für die Jagd auf weitere zehn Wörter.

Oberbegriffe – Unterbegriffe

Bei diesem kleinen Gruppenspiel sitzen die Kinder gemütlich um den Tisch herum. Die Lehrerin gibt einen Oberbegriff vor, wie z. B.

fruits
colours
names
vegetables
furniture
toys
vehicles
animals on the farm
animals in the zoo
...

Nun nennt jeder Spieler der Reihe nach einen passenden Unterbegriff. Zum Oberbegriff „fruits" also z. B.: „banana, melon, apple, strawberry, ..." Wenn ein Kind keinen weiteren Begriff mehr weiß oder ein Wort nennt, das schon mal an der Reihe war, bekommt es einen Minuspunkt. Hat jedes Kind einen Unterbegriff genannt, ist die Runde vorbei und ein neuer Oberbegriff wird vorgegeben.
Wer alle Runden ohne einen einzigen Minuspunkt übersteht, sollte unbedingt einen Preis bekommen.

Da fehlt doch was!

Jedes Kind schreibt einen beliebigen englischen Satz auf den Block. Die Lehrerin ruft einen Schüler auf, der seinen Satz vorliest, dabei aber ein entscheidendes Wort „vergisst“, z. B. „My pencil-case … on the table.“ Der Mitschüler, der zuerst das fehlende Wort, in unserem Fall also „is“, nennt, darf den ganzen Satz nun fehlerlos wiederholen und ein weiteres Kind aufrufen, das den nächsten unvollständigen Satz vorgibt.

Das Vokabeltest-Spiel

Ein Kind darf sein Vokabelkönnen unter Beweis stellen. Es kommt zur Tafel und stellt sich mit dem Rücken zu den Mitschülern. An der Tafel stehen ca. 20 deutsche Wörter, zu denen die Kinder die englischen Ausdrücke kennen. Jedes Kind sucht sich ein beliebiges Wort aus, schreibt dessen englische Übersetzung auf ein Blockblatt und steht auf. Die Lehrerin hat jetzt kurz Zeit, die Wörter der Kinder zu kontrollieren, während der Schüler an der Tafel schon mal nachdenkt, wie die Tafelwörter auf Englisch heißen. Dann geht's los! Der „Tafelschüler" nennt jetzt nacheinander die englischen Wörter in beliebiger Reihenfolge. Sobald ein Mitschüler das Wort hört, das er auf sein Blatt geschrieben hat, setzt er sich. Es gewinnt, wer am längsten stehen bleiben darf.

Die Wörterwürmer

Die Kinder der Klasse werden in drei gleich große Gruppen unterteilt. Die Mitglieder jeder Gruppe stellen sich in Riegen hintereinander auf. Beim Wörterwettbewerb sind jeweils nur die drei „Wurmköpfe" an der Reihe. Die Lehrerin zeigt einen beliebigen Gegenstand (oder ein passendes Bild). Derjenige, der zuerst den richtigen englischen Begriff nennt, z. B. „apple", setzt sich auf seinen Platz. Es gewinnt der Wörterwurm, der als erster komplett verschwunden ist.

Dalli, dalli

Die Lehrerin stellt eine Frage, z. B. „What is in a satchel?", ruft ein Kind auf und stoppt die Zeit. Das Kind kann nun eine Minute lang so viele Dinge wie möglich nennen, die in einer Schultasche sein könnten, z. B. „pencil, ruler, rubber, book, apple, pen, biro, exercisebook, sharpener, …"
Die Anzahl der richtigen Begriffe wird in einem „Book of Records" festgehalten. Das Kind, das die nächsten Begriffe nennen darf, versucht natürlich den Rekord zu brechen.

Mögliche Fragen wären:
„What's in my shopping-bag?"
„What is yellow (blue, red, …)?"
„What's in your closet?"
„What sights can you see in London (New York, …)?"
„What animals can you see in the zoo?"
„What's in your pocket?"
…

Tipp: Schwierige Wörter

Wörter, die in der Bedeutung, der Aussprache oder der Rechtschreibung vielen Kindern Schwierigkeiten bereiten, werden auf Wortkärtchen geschrieben und im Klassenzimmer z. B. an die Pinnwand geheftet.

- Am Ende der Woche dienen genau diese Wortkärtchen als Material für ein kleines Spiel oder Quiz.
- Am Ende des Monats werden alle Kärtchen-Wörter der vergangenen vier Wochen in einem längerem Spiel und/oder einem Wörterdiktat abgefragt.

Tipp: Englische Witze

Bringen Sie den Kindern in jeder Englischstunde einen Witz mit und heften Sie die Witze an eine Extra-Pinnwand! Gegebenenfalls werden besonders schwierige Wörter mit einem Sternchen versehen und die deutsche Bedeutung angefügt. Sie werden staunen, wie viel Englisch die Kinder schon verstehen.

Scherzfragen

What begins with „p“,
ends with „e“ and has
hundreds of letters in it?
(postoffice)

What starts with „t“,
ends with „t“ and is full
of „t“? (teapot)

What room can
nobody enter?
(mushroom)

A passenger asks the
pilot: "Do your planes
often crash?"
"No, sir, just once!"

What time is it, when an
elephant sits on a car?

(Time to buy a new car.)

Can a mouse jump higher
than a house?
(Yes, because a house can't jump.)